Dankeschön!

Für die freundliche Unterstützung bedanken wir uns herzlich bei Anja Gottwald, einer der Initiatorinnen des Projektes NawiKi an der Universität Hamburg und seit drei Jahren selbst in Kitas und Grundschulen experimentierend, den Kindern des Kindergartens „Mäuseburg“ in Osterby mit dem Erzieher Marco Lemke und bei Magrit Parchwitz, Waldpädagogin, die gerne mit Kindern experimentiert und mit ihnen neugierig naturwissenschaftlichen Fragen auf den Grund geht.

Die Experimente in diesem Buch sind von der Autorin und vom Verlag sorgfältig ausgewählt und geprüft. Dennoch kann keine Garantie übernommen werden. Eine Haftung der Autorin bzw. des Verlags und seiner Beauftragten für Personen-, Sach- und Vermögensschäden ist ausgeschlossen.

Anschrift: Postfach 10 03 25, 73703 Esslingen
www.esslinger-verlag.de

Text: Ruth Gellersen
Illustration: Ulrich Velte
Redaktion: Larissa Leibrock
Layout und Satz: Jenny Alber
ISBN 978-3-480-22336-7

Richtig clever!

Experimente mit Klängen und Tönen

Ruth Gellersen · Ulrich Velte

esslinger

Vorwort

Liebe Eltern,

Kinder forschen und entdecken – den ganzen Tag!
Gerade in den ersten Lebensjahren gehören für Kinder viele Dinge, die für Erwachsene ganz selbstverständlich sind, in die Welt der Experimente. So werden schon beim Zuknöpfen der eigenen Jacke oder beim Füllen eines Messbechers wichtige Erfahrungen gesammelt. Experimente müssen also nicht immer gleich knallen und zischen.

Forschen Sie gemeinsam mit ihrem Kind. Ermutigen Sie es, Fragen zu stellen, sich zu wundern und neue Dinge auszuprobieren. Denn es geht nicht um eine perfekte Ausführung der Experimente. Viel wichtiger ist, ihr Kind beim Entdecken seiner Umwelt zu unterstützen. Ohne vorgefertigte Antworten und Lösungsvorschläge, sondern mit viel Neugier, Zeit und Interesse.

In diesem Buch finden Sie Experimente:

- Für Einsteiger
- Für Fortgeschrittene
- Für Profis

Je nach Entwicklungsstand und Alter Ihres Kindes.

Die klaren Schritt-für-Schritt-Anleitungen erleichtern Ihrem Kind und Ihnen den Aufbau und die Durchführung der Experimente.
In den farbigen Kästen finden Sie kurze naturwissenschaftliche Erklärungen, Spielanleitungen, Sachtexte und Ideen rund um das jeweilige Experiment.

Viel Spaß beim gemeinsamen Experimentieren wünscht

Ruth Gellersen

Ruth Gellersen

Hallo Forscher!

Klappern, Rasseln, Zwitschern, Knarren oder Scheppern – täglich hörst du unendlich viele, ganz verschiedene Töne. Manche sind sehr laut, andere wieder kaum zu hören.

In diesem Buch kannst du mit den verschiedenen Tönen und Klängen experimentieren: Wie klingt eine selbstgebastelte Flöte? Welche Geräusche macht ein einziges Blatt Papier? Und wie sprichst du mit deinen Freunden durch ein Schlauchtelefon?

Die allermeisten Experimente kannst du alleine machen.  Wenn du dieses Bild siehst, experimentierst du am besten gemeinsam mit deinen Freunden.

Viele Zutaten findest du bei euch zu Hause – so kannst du gleich anfangen zu experimentieren.

Besonders spannend wird es oft dann, wenn ein Experiment nicht so klappt wie beschrieben oder wie du es dir vorgestellt hast. Forsche dann doch einfach mal weiter – bestimmt entdeckst du noch viele andere tolle Dinge.

Viel Spaß beim Forschen und Experimentieren wünscht dir deine Entdecker-Eule

Inhaltsverzeichnis

Papiertöne

Für Einsteiger

Du brauchst:

- ein Blatt Papier (DIN A4)

Auf ein Blatt Papier kannst du Bilder malen oder Botschaften schreiben. Oder du machst damit ganz unterschiedliche Geräusche.

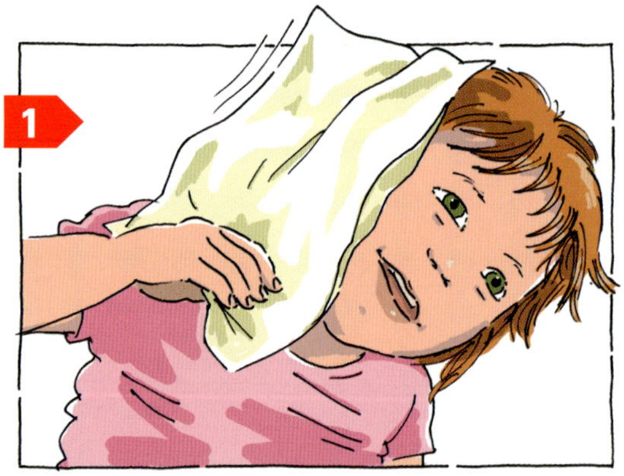

1 Halte ein Blatt Papier locker in den Händen und bewege die Fingerspitzen. Hörst du es knistern und rascheln?

2 Halte das Papier ganz straff zwischen zwei Fingern und bewege die anderen hin und her. Was hörst du? Zerknülle jetzt das Papier in den Händen.

3

Falte das Blatt wieder auseinander, reiße es in Streifen oder puste dagegen. Bestimmt fällt dir noch viel mehr ein!

??? **Was passiert?**

Je nachdem, was du mit dem Papier anstellst, entstehen ganz verschiedene Töne. Hältst du das Blatt in die Luft, erzeugst du ein anderes Geräusch, als wenn du das Papier zerknüllst und es gegeneinander reibst. Ein straff gespanntes Blatt Papier kann man gut mit einer Trommel vergleichen: Je fester es gespannt ist, desto höhere Töne erklingen.

Alles Papier!

Überall in deiner Umgebung findest du Papier: Große Papierblöcke, auf denen du malen kannst, kleine Notizzettel, bunte Zeitschriften, Tageszeitungen, Poster, Kalenderblätter, Papierlaternen und natürlich Bücher. Manche Tiere polstern ihre Nester auch mit Papierresten aus. Und einige Wespenarten stellen sogar Papier her: Ihre Nester bestehen aus einem Brei aus Speichel und Holzfasern, der getrocknet ein dünnes, widerstandsfähiges Papier ergibt.

Es blubbert!

Für Einsteiger

Du brauchst:

- eine Schale oder ein hohes Glas
- Wasser
- dünne und dicke Trinkhalme

Wenn auf dem Herd die Spaghetti kochen, brodelt und blubbert es im Kochtopf. Hast du auch schon mal geblubbert?

1

Stelle ein mit Wasser gefülltes Glas oder eine Schale auf den Tisch.

2

Halte einen Trinkhalm ins Wasser und puste kräftig hinein.

3

Puste nun ganz leicht in den Trinkhalm. Bemerkst du einen Unterschied zwischen den Geräuschen?

4

Was passiert, wenn du den Trinkhalm ganz dicht an die Wasseroberfläche hältst?

5

Was passiert, wenn du mit dem Halm den Boden des Gefäßes berührst? Versuche, möglichst leise und sehr laute Blubbergeräusche zu machen.

??? Was passiert?

Mit dem Trinkhalm bläst du Luft ins Wasser. Dabei entstehen verschiedene Blubbergeräusche, je nachdem wie viel Luft du ins Wasser bläst und wie du den Trinkhalm hältst. Wenn du große Blasen bläst, erzeugst du tiefe, satte Blubbertöne, kleine Blasen machen helle Zischgeräusche.

... noch mehr Spaß!

Lieder kannst du nicht nur singen, sondern auch wunderbar blubbern. Am meisten Spaß macht das zusammen mit deinen Freunden. Jedes Kind bekommt einen Trinkhalm und einen Becher mit Wasser und schon geht's los: Welche Lieder könnt ihr blubbern? Vielleicht „Alle meine Entchen" oder „Ein Männlein steht im Walde"? Blubbert ihr ein- oder mehrstimmig? Ihr könnt auch ein Ratespiel machen: Ein Kind blubbert ein Lied und die anderen versuchen dieses zu erraten. Wer rät am besten?

Aufgeweckt!

Für Fortgeschrittene

Du brauchst:
- einen Wecker, der tickt
- einen Tisch

Wachst du morgens von selbst auf? Oder wirst du geweckt? Vielleicht sogar von einem Wecker? Den kannst du für dieses Experiment gut gebrauchen.

1

Stelle den Wecker auf den Tisch. Kannst du ihn hören? Hört er sich anders an, wenn er steht oder flach auf dem Tisch liegt?

2

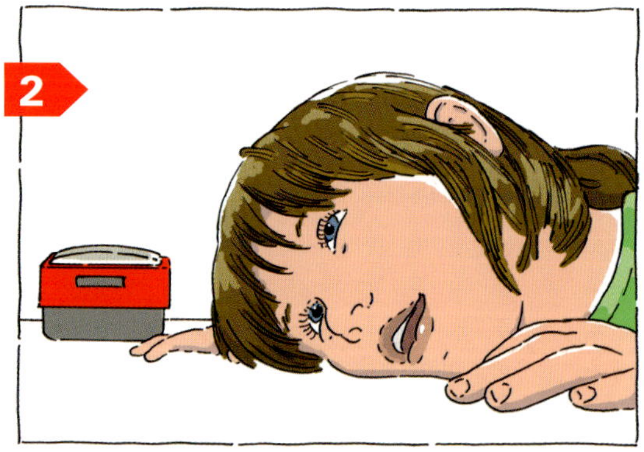

Beuge dich über die Tischplatte und lege ein Ohr auf den Tisch. Wie hört es sich an, wenn du dir ein Ohr zuhältst?

3

Das Ticken des Weckers klingt im Ohr lauter, wenn er flach auf dem Tisch liegt, als wenn er steht oder in der Hand gehalten wird. Wie weit musst du weggehen, damit du den Wecker nicht mehr hörst?

??? Warum ist das so?

Das Ticken des Weckers wird über die Tischplatte an dein Ohr geleitet. Hältst du das Ohr dicht an die Tischplatte, hörst du das Ticken lauter. Ist die Tischplatte aus Holz, leitet sie die Töne besonders gut und schwingt dabei mit – wie ein Musikinstrument. Deshalb hörst du den Ton noch lauter.

Tock, tock!

Viele Holzarten leiten Töne sehr gut. Deshalb sind auch viele Musikinstrumente aus Holz. Zum Beispiel Blockflöten, Klarinetten, Geigen oder Cellos. Welche Musikinstrumente aus Holz fallen dir noch ein?

Auch wenn der Specht auf der Suche nach Nahrung gegen das Holz eines Baumstamms klopft, kannst du dieses Geräusch schon von Weitem hören.

Rhythmus im Blut

Du spielst kein Klavier und keine Flöte? Das macht gar nichts, denn Musik und Klänge kannst du auf allen möglichen Gegenständen erzeugen. Sogar nur mit deinem Körper ...

Der Körper macht Musik

Jeder hat Rhythmus im Blut – du brauchst nur deinen Körper einzusetzen. Du kannst stampfen und klatschen, patschen und schnippen. So entstehen die unterschiedlichsten Töne und Gesten. Dieses Zusammenspiel nennt man auch Körperpercussion oder – aus dem Englischen – bodypercussion. Gemeinsam mit anderen macht Körperpercussion besonders Spaß – ihr könnt zusammen Musikstücke und Tänze entwickeln und euch dabei gegenseitig inspirieren.

Mit Hand und Fuß

Stampfe abwechselnd mit den Füßen auf – mal gleichmäßig und mal in ganz unterschiedlichen Geschwindigkeiten. Wackle dabei mit den Fingern oder tippe dir an die Stirn. Wie viele Körperteile kannst du gleichzeitig bewegen, ohne den gleichmäßigen Rhythmus zu verlieren?

HMMMMMMM …

Auch mit Summen, Brummen, Fiepen, Knurren und Quietschen erzeugst du interessante Töne und Klänge – einfach nur mit deiner Stimme. Summ einmal sehr leise, dann wieder so laut du kannst. Lege dabei zwei Fingerspitzen in die Vertiefung an deinem Hals. Du kannst auch eine Freundin oder einen Freund bitten zu summen, zu brummen oder zu singen. Lege währenddessen dein Ohr an den Rücken deines Freundes. Was spürst du?

* Weil sie den Text vergessen haben.

Der Reihe nach

Bilde mit deinen Freunden eine Reihe. Dabei sitzt ihr ganz dicht nebeneinander. Legt die Handflächen auf eure Knie. Und los geht's: Schlagt mit beiden Händen zuerst auf eure eigenen Knie, dann einmal auf die Knie eures linken Partners, dann auf die Knie eures rechten Nachbarn. Und zum Schluss wieder auf die eigenen. Wiederholt den Ablauf mehrmals. Könnt ihr auch ganz schnell schlagen, ohne dass es ein Durcheinander gibt?

Musik zu zweit

Stelle dich vor eine Freundin oder einen Freund. Lasst dabei so viel Abstand zwischen euch, dass ihr die Arme frei bewegen und euch gleichzeitig noch berühren könnt. Dann macht Musik zu zweit: Schlagt mit den Händen einmal an die Hüften, klatscht in die Hände und stampft abwechselnd mit den Füßen auf. Dann klatscht zunächst mit eurer linken Hand gegen die rechte Handfläche eures Partners, dann mit der rechten Hand gegen dessen linke. Zum Schluss klatschen alle vier Hände gegeneinander. Ihr könnt euch noch viele weitere Abfolgen ausdenken.

Hör mal, was du isst!

Für Profis

Du brauchst:

- verschiedene Nahrungsmittel, zum Beispiel:
  - Paprika
  - Apfel
  - Brot
  - Cornflakes
  - Nudeln (gekocht / ungekocht)
  - Banane
- ein Tuch
- 

Beißt du in einen Apfel, hörst du, wie das feste Fruchtfleisch kracht. Wie klingt es dagegen, wenn du ein Butterbrot oder eine Portion Spaghetti isst?

Lege alle Nahrungsmittel auf den Tisch.

Lass dir mit einem Tuch die Augen verbinden.

Deine Freundin oder dein Freund fängt an zu essen.

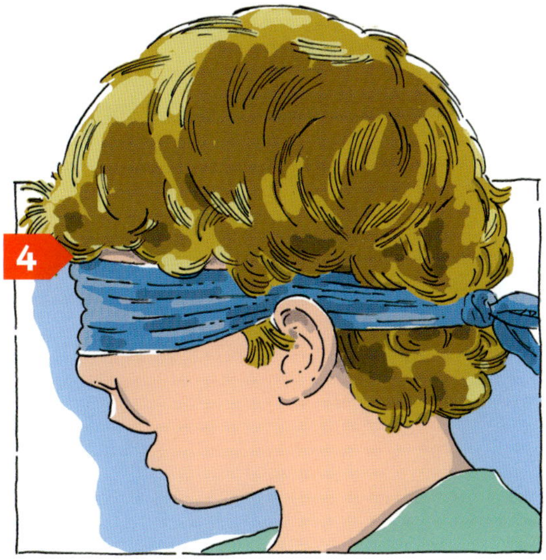

4

Spitze die Ohren: Erkennst du anhand der Geräusche, was dein Freund gerade isst?

??? **Was passiert?**

Jedes Nahrungsmittel klingt unterschiedlich, wenn du darauf beißt: Manche sind fest und krachen, andere wiederum sind weich und kaum zu hören. Es klingt anders, wenn du in eine Birne beißt, als wenn du einen Löffel Müsli isst.
Am Klang kannst du feste Nahrung von weichen oder flüssigen Nahrungsmitteln unterscheiden.

Zähne zeigen

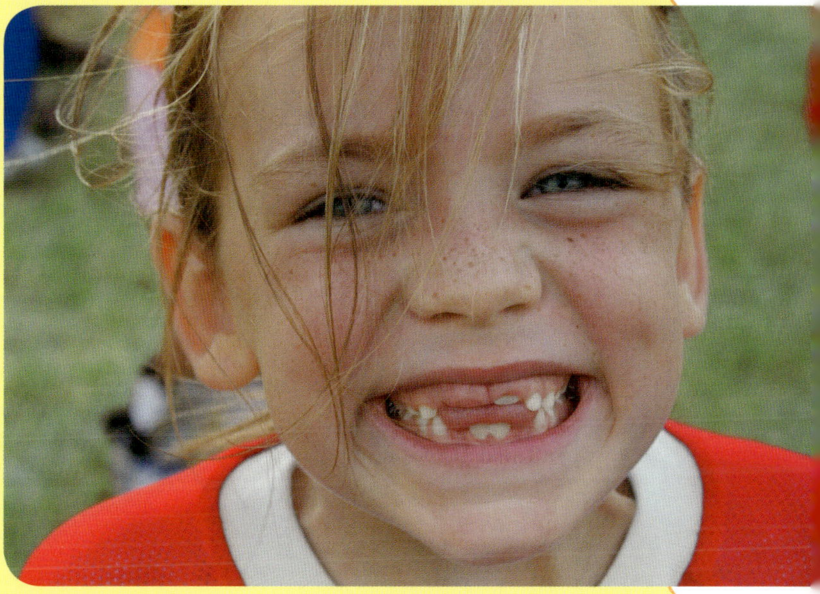

In den drei ersten Lebensjahren wachsen deine Zähne. Es sind zwanzig. Sie werden Milchzähne genannt, denn sie sind weiß wie Milch und du bekommst die ersten Zähne bereits dann, wenn du dich noch hauptsächlich von Milch ernährst. Wenn du fünf oder sechs Jahre alt bist, wird es wieder spannend: Nun verlierst du nach und nach deine Milchzähne und es wächst ein neues Gebiss mit 32 Zähnen. Diese musst du sehr gut pflegen, da dir nun keine neuen Zähne mehr wachsen.

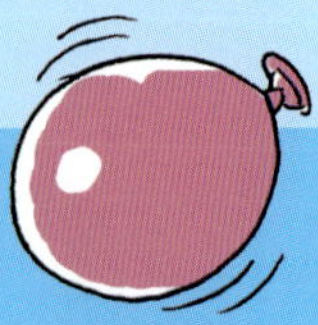

Ballon-Tanz

Für Einsteiger

Schalte das Radio oder den CD-Spieler ein und höre deine Lieblingsmusik – das bringt nicht nur dich zum Tanzen, sondern auch einen Luftballon ...

Du brauchst:

- einen Luftballon
- eine Musikanlage oder ein Radio

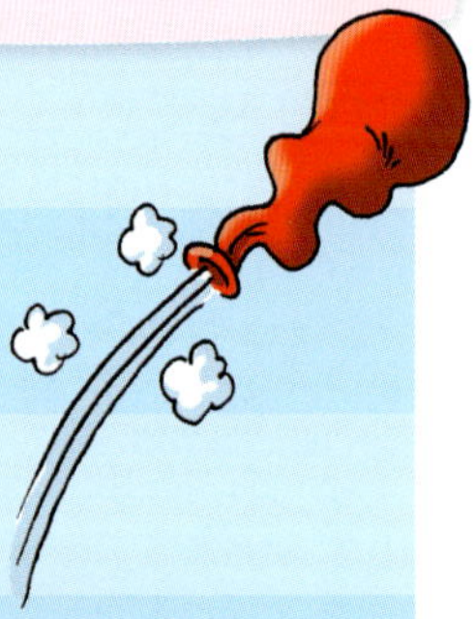

1

Puste einen Luftballon auf und knote ihn zu. Lass dir dabei von einem Erwachsenen helfen.

2

Lege den Luftballon vor die Lautsprecher.

Schalte die Musik ein und drehe sie laut auf. Aber Vorsicht – nicht so, dass dir die Lautstärke unangenehm ist!

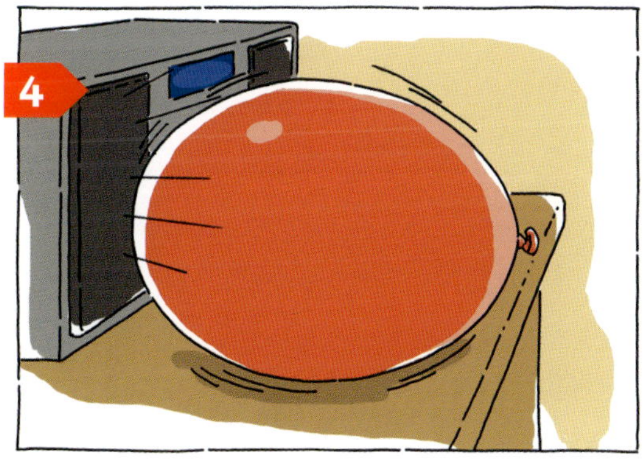

Schau den Ballon genau an. Was siehst du?

??? Was passiert?

Die Lautsprecher senden Schallwellen aus, die wir als Musik hören. Sie bringen den leichten Ballon zum Vibrieren, sodass es aussieht, als ob er tanzt.

... noch mehr Spaß!

Mach noch ein weiteres Experiment mit Luftballons: Fülle unterschiedlich viele Reiskörner in mehrere Ballons. Du kannst auch Papierkügelchen, Kichererbsen oder andere Materialien verwenden. Blase alle Luftballons so auf, dass sie etwa gleich groß sind, und knote die Öffnung zu.

Rassle nun mit den Ballons: Welche Unterschiede hörst du? Die Ballons klingen jeweils ganz anders – je nachdem, was und wie viel sich darin befindet. Versuch doch mal, zu deinem eigenen Rhythmus Arme und Beine zu bewegen. Oder du bildest gemeinsam mit deinen Freunden ein Luftballon-Rassel-Orchester.

Flotte Flöte

Für Profis

Wie hört es sich an, wenn jemand auf einer Blockflöte spielt? Probiere doch einmal aus, wie eine selbst gebastelte Flöte klingt.

Du brauchst:

- einen Korken
- einen Holzspieß
- ein Blatt Papier (DIN A4)
- Klebestreifen

Stecke den Holzspieß in den Korken.

Rolle das Blatt Papier so zusammen, dass eine Röhre entsteht. Die Röhre sollte so breit sein, dass der Korken mit dem Holzspieß genau hineinpasst.

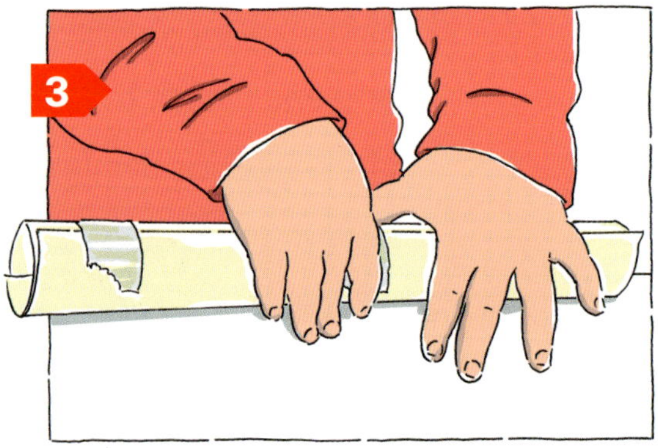

Klebe das Papier mit Klebestreifen zusammen und stecke den Korken mit dem Spieß in die Papierrolle.

4

Puste nun über den Papierrand und bewege dabei den Korken in der Papierrolle auf und ab. Wie klingt deine Flöte?

??? Was passiert?

Pustest du über den Papierrand, ist das so ähnlich, als würdest du über einen Flaschenhals blasen. Durch die Bewegung des Korkens beeinflusst du die Luft in der Papierrolle und erzeugst verschiedene Töne. Je länger die Luftsäule ist, die du durch das Pusten zum Schwingen bringst, desto tiefer wird der Ton. Wie bei den Instrumenten: Die hohe Piccolo-Flöte und die hohe Trompete sind kürzer als die tief klingende Tuba.

Flötentöne ?!

Die Flöte gehört zu den ältesten Blasinstrumenten. Schon in der Steinzeit haben sich die Menschen Flöten gebaut und darauf gespielt.
Bläst du in eine Flöte, trifft der Luftstrom auf die Luft, die sich bereits in der Flötenröhre befindet. Dabei gerät die Luft in Schwingung und ein Ton entsteht. Je nachdem, wie die Flöte beim Spielen gehalten wird, unterscheidet man Längsflöten und Querflöten.

Flüster, flüster

Für Fortgeschrittene

Flüstere deinen Freunden etwas ins Ohr. Mal verstehen sie dich gut und mal hören sie dich kaum – obwohl deine Stimme immer gleich leise bleibt. Wie geht das?

Du brauchst:

- ein Blatt Papier (Din A4)
- 

1 Rolle das Papier zu einem Trichter zusammen. An einer Seite ist die Öffnung klein, an der anderen Seite ist sie groß.

2 Halte den Trichter – deine Flüstertüte – mit der kleinen Öffnung dicht an dein Ohr.

3

Deine Freundin oder dein Freund flüstert nun etwas in die große Öffnung der Flüstertüte. Kannst du es gut verstehen? Und wie gut hörst du die leise Stimme ohne Flüstertüte?

??? Was passiert?

Die trichterförmige Flüstertüte lenkt den Schall direkt in dein Ohr und bündelt auf diese Weise den Ton. So kannst du leise Stimmen durch eine Flüstertüte viel besser hören als ohne „Verstärkung".

Ohne Ton sprechen ?!

Beim Sprechen erzeugen wir mit unseren Stimmbändern Töne, die ganz unterschiedlich klingen: mal laut oder mal leise, mal tief oder mal ganz hell. Im Gegensatz dazu machst du beim Flüstern keine Töne, sondern Geräusche. Flüstern deine Freunde, so kannst du zwar verstehen, was sie sagen, aber mit geschlossenen Augen kaum unterscheiden, wer gerade spricht.

Selbst gemacht!

Du wolltest schon immer auf einem Schlagzeug spielen oder an den Saiten einer Gitarre zupfen? Hier kannst du dir einige Musikinstrumente leicht selbst basteln.

Ganz schön schlagfertig!

Entferne vorsichtig den Deckel von einigen verschieden großen Konservendosen und umwickle die scharfen Ränder dick mit Klebeband. Stelle die Dosen dann mit dem Boden nach oben vor dich auf. Jetzt kannst du ein Trommel-Solo spielen. Schlage mit einem Holzkochlöffel auf die Dosen. Probiere auch mal andere Schläger aus, zum Beispiel einen Esslöffel aus Metall.

RRRRASSEL

Für diese Rassel benötigst du eine leere Papprolle (z. B. von Küchenpapier), Klebeband, Erbsen, Reis, Nüsse oder kleine Steine. Knicke das eine Ende der Papprolle etwa einen Fingerbreit um und klebe es zu. Fülle dann Körner oder etwas anderes in die Rolle und verschließe anschließend auch das andere Ende. Du kannst die Rassel bemalen oder mit buntem Papier bekleben. Je nachdem, wie viel und welches Füllmaterial du verwendest, klingt deine Rassel ganz unterschiedlich.

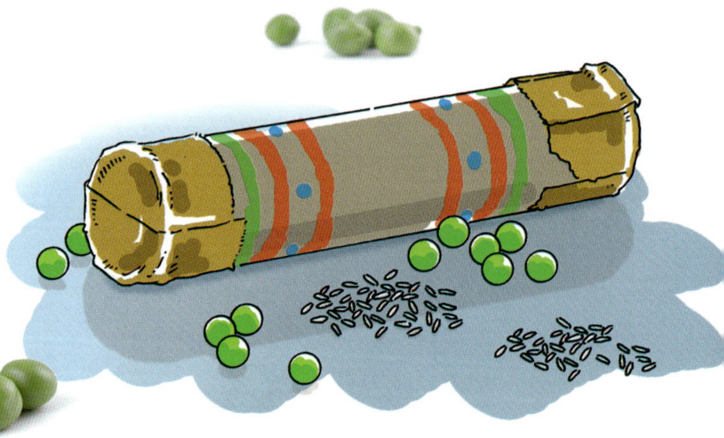

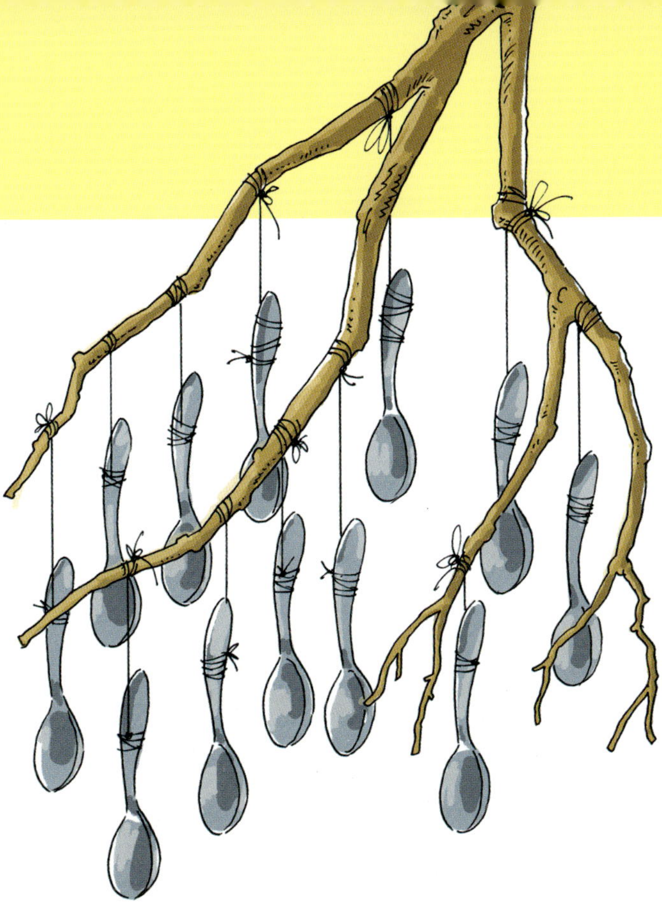

Klingender Stab

Für dieses Instrument brauchst du einen langen Ast, von dem einige Zweige abgehen. Umwickle den Griff eines Teelöffels aus Metall mit einer Schnur und befestige diese am Ast. Hänge dicht daneben noch weitere Teelöffel, sodass sie sich berühren können. Du kannst auch Schellen und Glöckchen aus dem Bastelgeschäft verwenden. Verziere den Schellen-Stab mit Farbe oder bunten Bändern. Nimm ihn in die Hand und klopfe mit dem unteren Ende auf den Boden, sodass der Stab schellt und klingt.

Tonglocke

Knote eine dicke Perle an einer Schnur fest und fädle diese durch die Öffnung eines umgedrehten Tontopfes. Die Perle befindet sich im Inneren des Topfes. Verknote die Schnur außen über dem Loch, sodass sie nicht nach unten durchrutschen kann. Bewege das Band – die Perle schlägt dann gegen die Tonwand und erzeugt einen Klang. Mehrere Glocken in verschiedenen Größen ergeben ein schönes Glockenspiel.

Kartongitarre

Streife mehrere feste Gummibänder der Länge nach über einen offenen Schuhkarton. Befestige sie mit Klebestreifen am Boden der Schachtel. Um die Spannung noch zu verstärken, schiebst du an jeder Kopfseite einen schmalen Ast zwischen die Gummibänder und den Kartonrand. Jetzt kannst du auf deiner Kartonklampfe spielen, indem du mit den Fingerspitzen an den Gummibändern zupfst.

Tisch-Konzert

Für Einsteiger

Aus mehreren Linealen kannst du dir ganz einfach ein Musikinstrument bauen und ein Konzert geben ...

Du brauchst:

- mehrere Lineale aus Plastik (30 cm)
- Klebeband

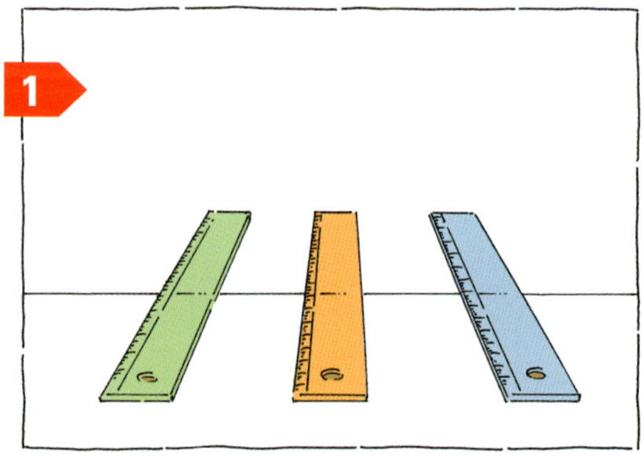

1 Lege die Lineale so nebeneinander auf den Tisch, dass deine Hand dazwischen passt.

2 Befestige die Lineale so mit Klebeband am Tisch, dass sie nicht verrutschen. Lass die Lineale dabei unterschiedlich lang über den Tisch ragen.

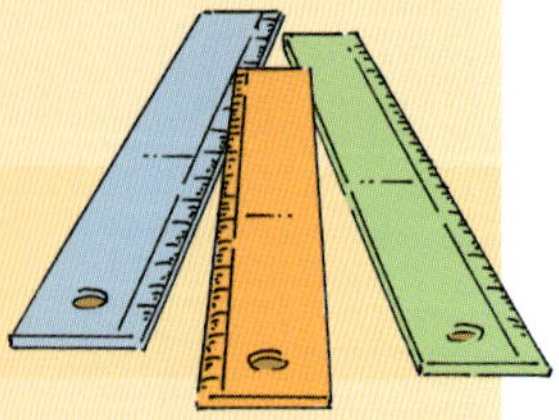

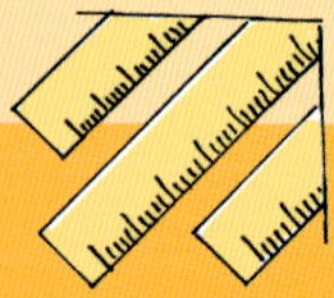

Berühre dann abwechselnd jedes Lineal mit der Fingerspitze und lass es an der Tischkante wippen. Was hörst du?

??? Was passiert?

Die unterschiedlich langen Lineale erzeugen verschiedene Töne. Je weiter das Lineal über die Tischkante ragt, desto dunkler wird der Ton. Je kürzer das Lineal ist, desto schneller schwingt es und desto höher surrt es – wie ein hoher Ton auf einer Geige oder einer Gitarre.

... noch mehr Spaß!

Mit einem Lineal kannst du auch deinen eigenen Körper messen. Wie lang ist deine Nase? Oder dein Unterarm? Verändert sich die Größe, wenn du einige Monate später misst? Schneide einen langen Streifen Packpapier ab. Lege einen Zollstock neben das Papier und zeichne die dicken Striche und Zahlen ab. Hänge das Lineal vom Fußboden aus gerade nach oben an die Wand. Bitte deine Freunde oder Eltern, an deinem Scheitelpunkt einen Strich zu markieren – dann siehst du, wie viel du im Laufe der Zeit gewachsen bist.

Ton aus!

Für Profis

Es ist ganz still. Du hörst nur, wie Wasser in eine Schale tropft. Mit deinem selbst gemachten Schalldämpfer wird auch das Geräusch der Wassertropfen ganz leise ...

Du brauchst:

- eine Schale
- ein Glas
- Wasser
- ein Löffel
- etwas Spülmittel
- einen Rührbesen

Stelle die Schale und das Glas auf einen Tisch und fülle beide mit Wasser.

Tauche den Löffel in das Glas und lass das Wasser langsam in die Schale tropfen. Hörst du, wie die Tropfen auf die Wasseroberfläche prallen?

Gieße Spülmittel in die Schale und rühre das Wasser darin mit dem Rührbesen schaumig.

Tauche nun den Löffel wieder in das Glas und tropfe noch einmal Wasser in die Schale. Hörst du etwas? Das Geräusch der Wassertropfen ist nun ganz leise.

??? Warum ist das so?

Spülmittel bildet Schaum auf der Wasseroberfläche, der den Aufprall der Tropfen auf der Wasseroberfläche bremst. So kann die Wasseroberfläche nicht in Schwingung geraten und das Geräusch der Tropfen wird leiser.

Starke Tropfen

Aus Wassertropfen kann manchmal sogar Stein entstehen! Wenn in manchen Höhlen besonders kalkhaltiges Wasser sehr langsam tropft und verdunstet, bilden sich mit der Zeit Steine. Es gibt verschiedene Formen von Tropfsteinen. Stalagmiten wachsen säulenförmig vom Boden Richtung Decke und Stalaktiten wachsen eiszapfenförmig von der Decke zum Boden. Überall auf der Welt kannst du Tropfsteinhöhlen besichtigen.

Hör mal nach hinten!

Für Einsteiger

Du brauchst:

- deine Hände
- 

Pferde können mit ihren beweglichen Ohren sehr gut hören. Sie lauschen nicht nur nach vorne, sondern in alle Richtungen. Kannst du auch nach hinten hören?

Stell dich mit dem Rücken zu deinen Freunden.

Sie machen nun verschiedene Geräusche: Klatschen, Springen, Singen oder Schnalzen.

3

Halte nun deine Hände wie zwei Schalen vor die Ohren. Die Handrücken zeigen dabei nach vorne. Hörst du einen Unterschied?

??? **Warum ist das so?**

Mit den Händen als Hörschalen kannst du die Geräusche hinter dir besser hören. Das liegt daran, dass die Schallwellen, die von hinten an dein Ohr dringen und die Töne verursachen, von deinen Händen direkt in die Ohren umgelenkt werden. Unsere Form der Ohrmuscheln fördert normalerweise das Hören von Geräuschen von vorne – mit diesem Experiment trickst du sie aus!

Hallooo, Echoooo! ?!

Ein Echo entsteht, wenn die Schallwellen eines Tones oder eines Geräusches von einer Fläche zurückgeworfen werden, und du diesen Ton ein wenig später als neuen Klang wahrnimmst. Am besten hörst du ein Echo, wenn du vor einer einzigen Fläche stehst, zum Beispiel einer Felswand. Je mehr Flächen es um dich herum gibt, desto schwieriger wird es, das Echo zu hören.
Du kannst an verschiedenen Orten selbst ein Echo erzeugen, zum Beispiel unter einer Brücke oder in einer Schlucht. Was hörst du, wenn du das Echo rufst?

Klingender Kleiderbügel

Für Fortgeschrittene

Bei diesem Experiment klingen deine Ohren ...
Probier's mal aus!

Du brauchst:

- einen Kleiderbügel aus Draht
- zwei dünne Schnüre (gleich lang)
- einen Löffel aus Metall
- 

1

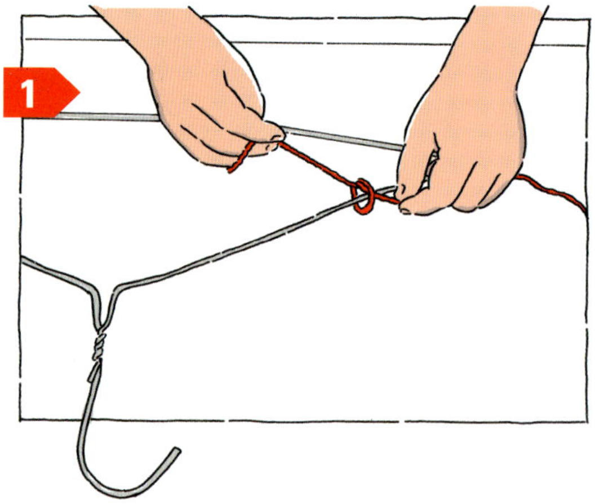

Lege den Kleiderbügel auf den Tisch und befestige an jeder Seite eine Schnur.

2

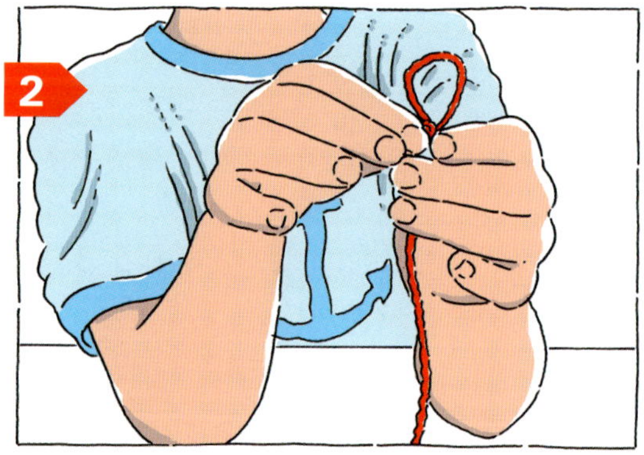

Schlinge aus den Schnurenden jeweils eine kleine Schlaufe und knote sie fest.

3

Stecke deine Zeigefinger zuerst durch die Schlaufen und dann in die Ohren.

4

Deine Freundin oder dein Freund schlägt jetzt vorsichtig mit dem Löffel gegen den Kleiderbügel. Was passiert?

??? Warum ist das so?

Berührt der Löffel den Kleiderbügel, wird dieser in Schwingungen versetzt. Du hörst den angeschlagenen Ton deutlich in den Ohren. Das Geräusch entsteht nämlich durch die Schwingungen und wird über die Kordel und deine Finger in deine Ohren übertragen.

… noch mehr Spaß!

Probiere mit deinen Freunden einmal dieses Musik-Rate-Spiel aus. Dafür brauchst du verschiedene Musikinstrumente. Auf Seite 26/27 findest du Anregungen, wie du selbst Instrumente basteln kannst.

Und so wird gespielt: Suche dir ein Instrument aus und erzeuge einen Ton oder ein Geräusch, zum Beispiel mit einer Rassel. Der nächste Spieler wiederholt das Rasseln und spielt anschließend auf einem neuen Instrument. Reihum spielt nun jedes Kind immer wieder auf den vorangegangenen Instrumenten und fügt ein neues hinzu. Wer kann sich die Reihenfolge der Instrumente am besten merken?

Extra! Tierische Töne

Auf unserer Erde leben viele verschiedene Tierarten. Sie verständigen sich untereinander auf ganz unterschiedliche Weisen. Manchmal können Menschen ihre Töne gar nicht hören ...

Große Lauscher

Wüstenfüchse haben riesige Ohren! Mit ihnen können sie aber nicht nur sehr gut hören. Über die großen Ohren können die Füchse auch sehr gut Wärme abgeben – das ist wichtig, denn in ihrer afrikanischen Heimat wird es tagsüber sehr, sehr heiß.

Mal sehr tief ...

Elefanten unterhalten sich über kilometergroße Entfernungen miteinander. Dabei stoßen auch sie Töne aus, die für das menschliche Ohr häufig nicht mehr zu verstehen sind. Denn die Töne, die auch Infraschall-Laute genannt werden, sind zumeist so tief, dass wir sie nicht mehr wahrnehmen können. Junge Elefanten müssen ihre Sprache übrigens auch erst lernen: Erst nach einiger Zeit beherrschen sie die Trompetenrufe und tiefen Laute, durch die sie mit ihren Artgenossen sprechen.

Wer hört nichts?

Es gibt auch Tiere, die keinen Gehörsinn haben. Weinbergschnecken können nicht hören – dieses Sinnesorgan fehlt ihnen ganz. Garnelen nehmen Erschütterungen wahr, ebenso wie Schlangen. Schlangen können Schallwellen aus der Luft nicht hören. Sie spüren jedoch, wenn in ihrer Nähe der Boden vibriert. So „fühlen“ sie zum Beispiel die Fußtritte eines Menschen oder größeren Tieres, das sich ihnen nähert.

Vogelrufe

Hast du schon einmal einen großen Schwarm Vögel beobachtet? Manche Vogelarten nisten in großen Kolonien, in denen viele Vögel dicht an dicht leben. Diese Vogelkolonien können aus vielen tausend Tieren bestehen. Alle Vögel rufen, piepsen oder zwitschern durcheinander. Das kann ganz schön laut sein! Dennoch finden die Altvögel, die von der Futtersuche zurückkehren, fast immer ihre eigenen Jungen wieder. Denn die Vögel können selbst feinste Unterschiede in den Stimmen der anderen hören.

... und mal ganz hoch

Fledermäuse stoßen Schreie aus, die so hoch sind, dass wir Menschen sie zumeist nicht mehr hören können. Diese besonders hohen Schallwellen treffen auf Gegenstände oder Lebewesen und werden wieder zurückgeworfen. Die Fledermäuse können anhand des Echos genau hören, was sich in ihrer Umgebung befindet und so auf Beutefang gehen oder beim Fliegen Zusammenstöße vermeiden.

Mini-Regenmacher

Für Profis

Bewegst du einen Regenmacher, so rasseln die Körner darin. Hier kannst du dir einen Regenmacher für die Hosentasche bauen.

Du brauchst:

- zwei leere Filmdosen
- etwas Reis
- ein feinmaschiges Netz von Südfrüchten (z.B. Orangen)
- eine Schere
- Klebeband

1 Fülle eine der beiden Filmdosen mit etwas Reis. In die andere stopfst du ein Stück von einem Südfrüchte-Netz.

2 Schneide ein weiteres Stück aus dem Südfrüchte-Netz aus und lege es über den Reis in die Dose.

3 Stülpe die zweite Dose über die erste.

4

Klebe beide Dosen fest zusammen und bewege den Mini-Regenmacher. Hörst du es rascheln und rauschen?

??? Warum ist das so?

Die Reiskörner bleiben in dem Netz hängen. Deshalb rutschen sie nicht sofort zur anderen Seite, sondern fallen nach und nach durch das Netz. So entsteht das rasselnde Geräusch des Regenmachers.

Hörst du den Regen? ?!

Regenmacher oder Regenstäbe wurden ursprünglich von den Ureinwohnern Südamerikas hergestellt. Dazu wurden die Stacheln von abgestorbenen Kakteen nach innen geschlagen und der Hohlraum der Kakteen mit kleinen Steinen gefüllt. Wird der Regenmacher dann wie eine Sanduhr gedreht, entsteht ein Geräusch, das wie prasselnder Regen klingt. Mit den Regenmachern sollte der lang ersehnte Regen herbeigerufen werden.

Musikalische Wellen

Für Fortgeschrittene

Bei diesem Experiment entstehen Wellen in einer Wasserschale – und das, obwohl du die Schale nicht berührst.

Du brauchst:

- eine Schale
- Wasser
- eine große Stimmgabel (mindestens 15 cm lang)

1

Stelle die Schale auf den Tisch und fülle sie mit Wasser.

2

Bringe die Stimmgabel zum Klingen. Dazu hältst du sie zwischen Daumen und Zeigefinger locker an ihrem „Stiel“ und schlägst sie mit dem Gabelteil leicht an der Tischkante an.

3

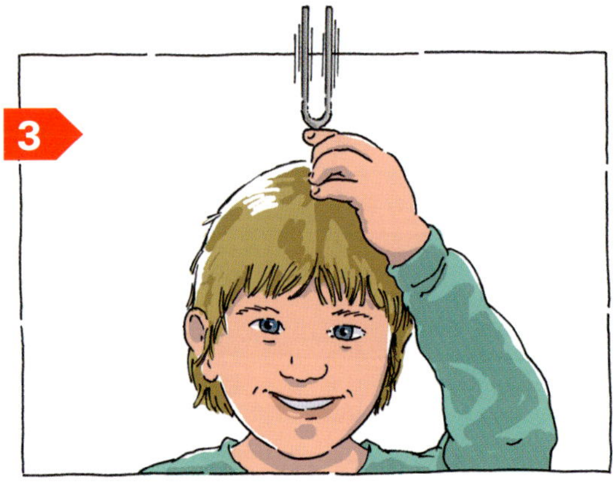

Stelle die Stimmgabel auf deinen Kopf. Was fühlst du?

Stelle die Stimmgabel nach dem Anschlagen mit ihrem Fuß auf einen Holztisch – was hörst du jetzt?

Schlage die Stimmgabel noch einmal an und halte sie dicht über die Wasserschale. Was passiert?

??? **Warum ist das so?**

Der Ton der Stimmgabel erzeugt eine Bewegung der Luft, die wir Schallwellen nennen. Diese bringen die Wasseroberfläche in Schwingung. So kannst du den Ton als Welle auf dem Wasser sehen. Was geschieht, wenn du die Stimmgabel ins Wasser tauchst?

... noch mehr Spaß!

Stimmgabeln haben keine Zinken und du verwendest sie auch nicht zum Essen. Die u-förmig gebogenen Gabeln aus Stahl kannst du anschlagen – dabei entsteht ein Ton. Wenn du gerne singst, zum Beispiel in einem Kinderchor, oder ein Musikinstrument spielst, hilft dir die Stimmgabel beim Einstimmen des Instrumentes und beim Treffen des „richtigen" Tones. Übrigens: Schlägst du die Stimmgabel an einen Resonanzkörper, zum Beispiel einen Holztisch oder deinen Kopf, verstärkt sich der Klang und der Ton wird lauter.

Was klingt wie?

Für Einsteiger

Du brauchst:

- verschiedene Gegenstände
- einen Löffel aus Metall
- einen Löffel aus Plastik
- einen Löffel aus Holz

Mach dich doch mal auf die Suche nach verschiedenen Tönen: helle, schrille, tiefe, laute, leise. Welcher Gegenstand in deiner Umgebung klingt am schönsten?

1 Suche dir verschiedene Gegenstände in deiner Umgebung. Klopfe vorsichtig mit den Löffeln dagegen.

2 Wie klingt es, wenn du gegen einen Stuhl oder ein Buch schlägst? Hörst du einen Unterschied zwischen den verschiedenen Löffeln?

3

Suche dir nun Dinge, die innen hohl sind, zum Beispiel eine Tasse, eine Flasche oder eine Dose. Wie klingt das?

??? **Warum ist das so?**

Gegenstände, die innen hohl sind, wie zum Beispiel eine Kiste, werfen den Schall anders zurück als Dinge, die einen festen Körper haben. Alle Körper, die einen erzeugten Ton aufnehmen und mit ihm mitschwingen, nennt man Resonanzkörper. Das kommt aus dem Lateinischen, von resonare und heißt, wörtlich übersetzt, zurückschwingen. Also: Resonanzkörper schwingen mit dem Ton mit und verstärken diesen.

Was macht Töne?

Überall in deiner Umgebung findest du Resonanzkörper, zum Beispiel leere Regentonnen, große Kirchenglocken oder gefällte Baumstämme, die du auf einem Waldspaziergang entdecken kannst. Unser Brustkorb und Kopf sind Resonanzkörper für die Stimme. Viele Resonanzkörper sind auch aus Holz oder Metall, zum Beispiel bei Musikinstrumenten. Welche Resonanzkörper fallen dir noch ein?

Hallo? Hallo!

Für Profis

Mit diesem Telefon kannst du umsonst mit deinen Freunden telefonieren – so oft du magst ...

Du brauchst:

- zwei lange Schläuche, z.B. Gartenschläuche
- Klebeband
- vier Trichter
- Papier
- Stifte
- 

1

Lege die Schläuche nebeneinander und umwickle sie an mehreren Stellen mit Klebeband.

2

Stecke in jede der vier Öffnungen einen Trichter und befestige diesen mit Klebeband am Schlauch.

3

Zeichne auf zwei Zettel jeweils einen Mund und auf zwei andere Zettel jeweils ein Ohr.

4

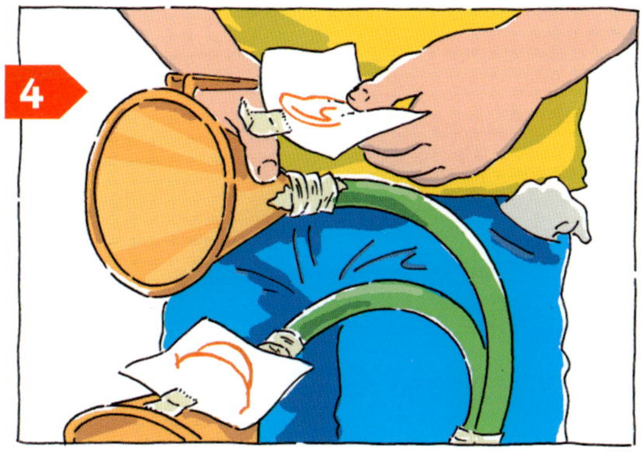

Klebe einen Mund an den ersten Trichter und an den Trichter daneben ein Ohr. Mache dasselbe mit den Trichtern am anderen Ende. Achte darauf, dass an einem Schlauch immer ein Ohr und ein Mund kleben.

5

Lege den Schlauch um die Hausecke, halte den Trichter mit dem Ohren-Bild ans Ohr und sprich in den Trichter mit dem Mund-Bild. Am anderen Ende der Leitung macht es dein Freund ebenso.

??? Was passiert?

Mit dem Schlauchtelefon könnt ihr auch miteinander sprechen, wenn ihr euch nicht seht. Die Töne werden durch den Schlauch bis ans andere Ende übertragen.

In die Ferne sprechen ?!

Telefone wurden früher Fernsprecher genannt. Mit ihnen können Menschen miteinander sprechen – ganz gleich, ob sie nahe beieinander stehen oder sich an weit entfernten Orten befinden. Die Technik des Telefons wandelt das, was eine Person ins Telefon spricht, in elektrische Signale um. Diese Signale werden durch Leitungen gesendet. Am Telefon einer zweiten Person werden aus den elektrischen Signalen wieder gesprochene Worte. Die ersten Telefone hatten zuerst eine Kurbel, später dann eine Wählscheibe. Heutzutage haben die meisten Telefone Tasten.

Weitere Titel in dieser Reihe:

Experimente rund ums Fliegen
978-3-480-22298-8

Experimente mit Licht und Schatten
978-3-480-22299-5

Experimente rund um unsere Sinne
978-3-480-22300-8

Experimente rund um die Natur
978-3-480-22301-5

Experimente rund um die Farben
978-3-480-22337-4

Bildnachweis

IStock:
S. 11: arlindo71; **S. 15:** Gertjan Hooijer; **S. 16:** Kativ; **S. 17:** Vinicius Ramalho Tupinamba; **S. 21:** Dena Steiner; **S. 23:** Susan Stewart; **S. 25:** Michelle Milliman; **S. 26 (o.r.):** Ramona Heim; **S. 26 (u.):** Monika Adamczyk; **S. 27 (o.r.):** Pathathai Chungyam; **S. 29:** Janis Dreosti; **S. 31:** Sandra vom Stein; **S. 33:** Steve Rabin; **S. 36 (o.l. und o.r.):** Eric Isselée; **S. 36 (u.r.):** Henk Bentlage; **S. 37 (o.l.):** Sue McDonald; **S. 37 (o.r.):** Maartje van Caspel; **S. 39:** Czardases; **S. 43:** Shirly Friedman; **Titelfoto (Mitte o.l.):** rickt99; **Titelfoto (Mitte o.r.):** Elena Schweitzer; **Titelfoto (Mitte u.l.):** Andreas Reh; **Titelfoto (Mitte u.r.):** Darren Baker; **Titelfoto (o.r.):** Chen Ping-Hung; **Titelfoto (u.l.):** Floor S.; **Rückseite (o.):** Czardases; **Rückseite (Mitte):** Gertjan Hooijer; **Rückseite (u.):** Kativ